FISCHE
WIDDER
STIER
ZWILLINGE
KREBS
LÖWE
JUNGFRAU
WAAGE
SKORPION
SCHÜTZE
STEINBOCK
WASSERMANN

Kosmische Weihnachten

24 astrologische Botschaften für eine magische Adventszeit

EIN BUCH DER
EDITION MICHAEL FISCHER

Ich kehre in *mich selbst* zurück und finde eine *Welt.*

JOHANN WOLFGANG VON GOETHE

In den stillen Stunden des Dezembers, wenn sich die Dunkelheit über die Häuser legt und der Mond am Himmel erstrahlt, beginnt die magische Zeit, in der wir es uns zu Hause gemütlich machen, zur Ruhe kommen und neue Kraft finden können. Es sind genau diese Momente, in denen sich das Universum in seiner ganzen Schönheit offenbart und uns mit seinen geheimnisvollen Botschaften umhüllt.

In diesem einzigartigen Adventskalenderbuch erwarten dich 24 Türchen mit inspirierenden Ritualen und astrologischem Wissen zur Magie der Sterne. Sie begleiten dich durch die Tage bis zum Weihnachtsfest und lassen dich diese besondere Zeit des Jahres neu erleben.

Lass dich von den Sternen leiten und nimm dir die Zeit, tief in dich hineinzufühlen, um den letzten Monat des Jahres im Einklang mit dir und der kraftvollen Energie des Universums zu erleben.

Hab eine wundervolle Adventszeit, die deine Seele liebevoll umhüllt, und genieße die Tage bis zum Fest.

Inhaltsverzeichnis

Grundlagen

Hier kannst du dich jeden Tag auf inspirierende Inhalte und magische Rituale freuen, die dir eine zauberhafte Weihnachtszeit bescheren!

Grundlagen

Bevor die magische Adventszeit beginnt und du den Zauber unseres Universums auf eine besondere Art erleben wirst, bekommst du hier zunächst grundlegendes Wissen rund um die faszinierende Welt der Astrologie, die Kraft der Sterne und die Bedeutung der Mondphasen für unser Leben. Lass dich inspirieren und stimme dich auf deine Reise in die unendlichen Weiten unseres Kosmos ein.

Ab dem 1. Dezember wirst du jeden Tag eine andere Verbindung zu den kosmischen Energien unseres Universums herstellen können. Ob Rituale rund um die Mondphasen, spirituelle Erkenntnisse oder köstliche Wohlfühlmomente: All diese kleinen Impulse werden dich durch die magische Adventszeit begleiten und dir Inspiration, Zuversicht und Kraft schenken.

Nimm dir an diesen Tagen bewusst Zeit zum Öffnen jedes Türchens und schalte alle Störquellen für eine Weile ab. Du wirst merken, wie Körper und Geist zur Ruhe kommen und du dich ganz im Augenblick wiederfindest. Vergiss nie: Du bist ein wundervoller Mensch und verdienst diese achtsamen Momente, in denen du dich mit neuer Energie auflädst und dich ganz bewusst mit dir und der magischen Kraft des Universums verbindest.

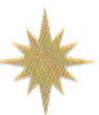

Die Welt der Astrologie

In der faszinierenden Welt der Astrologie dreht sich alles um die kraftvolle Verbindung zwischen den Himmelskörpern und dem Leben auf der Erde. Doch was genau ist Astrologie? Astrologie ist die Lehre der Sterndeutung (astron = Stern, logos = Lehre), mit der bereits in der Antike die Position und die Bewegung unserer Sterne und Planeten studiert wurde, um ihren Einfluss auf uns Menschen und unsere Welt zu erklären.

Astrologinnen und Astrologen betrachten die Konstellationen am Himmelszelt und interpretieren sie im Hinblick auf ihre Auswirkungen auf unser irdisches Leben: unsere individuelle Persönlichkeit, unsere Beziehungen, unsere Berufe und auch die besten Zeitpunkte für wichtige Entscheidungen. Dabei greifen sie auf ein umfangreiches System von astrologischen Symbolen und Techniken zurück und ermöglichen somit nicht nur die Deutung unserer Vergangenheit und Gegenwart, sondern auch einen Blick auf zukünftige Ereignisse.

Die wichtigsten Himmelskörper in der astrologischen Beobachtung sind zum einen die Sonne, die innerhalb eines Jahres die zwölf Tierkreiszeichen durchläuft, der Mond, der mit seinem monatlichen Kreislauf unseren Energiehaushalt auf die Probe stellt, und die Planeten, deren Kräfte ebenfalls verschiedene Auswirkungen auf unser Leben haben.

Ein bedeutendes kosmisches Ereignis im Dezember ist die Wintersonnenwende: der kürzeste Tag und damit zugleich die längste Nacht des Jahres. Dieser Wendepunkt des Jahreszyklus wird von vielen Kulturen auf der ganzen Welt gefeiert und symbolisiert das Licht, das inmitten der Dunkelheit geboren wird. Von nun geht mit jedem einzelnen Tag die Sonne wieder ein wenig früher auf und ein wenig später unter. Der Kreislauf des Jahres beginnt von vorne. Es ist somit der perfekte Anlass, um auch im eigenen Leben Altes loszulassen und Neues willkommen zu heißen. Es ist eine gute Gelegenheit, uns auf unsere innersten Wünsche zu konzentrieren und aus den kosmischen Energien des Dezembers eine einzigartige Kraft für Veränderungen in unserem Leben zu ziehen.

Die Sternzeichen im Dezember

Das Sternzeichen, in dem die Sonne zum Zeitpunkt unserer Geburt stand, ist eines der grundlegendsten Elemente in der astrologischen Deutung. Es repräsentiert unsere Persönlichkeitsmerkmale, unsere Stärken und Schwächen sowie unsere grundlegenden Lebensmuster, die uns tagtäglich beeinflussen. Die Sternzeichen lassen sich in bewegliche, kardinale und fixe Zeichen unterteilen sowie den vier Elementen Erde, Feuer, Luft und Wasser zuordnen.

Bewegliche Zeichen
Zwillinge, Jungfrau, Fische und Schütze: Sie markieren den Beginn der Jahreszeiten und sind für ihre Anpassungsfähigkeit, Flexibilität und ihr Streben nach Veränderung bekannt. Im Dezember können sie sich aufgrund ihrer dynamischen Natur leicht an Situationen anpassen und sich auf die Herausforderungen der Feiertage vorbereiten.

Kardinale Zeichen
Widder, Krebs, Waage und Steinbock: Sie stehen für Initiative, Führung sowie Aktivität und sind bestrebt, neue Projekte zu beginnen und Veränderungen herbeizuführen. Im Dezember können sie ihre Führungsqualitäten nutzen und für eine positive, harmonische Atmosphäre sorgen.

Fixe Zeichen
Stier, Löwe, Skorpion und Wassermann: Sie fallen in die Mitte der Jahreszeiten und sind bekannt für ihre Stabilität, Ausdauer und Entschlossenheit. Im Dezember können sie eine positive Grundstimmung für die Feiertage schaffen und eine Unterstützung für ihre Lieben sein.

Erde
Stier, Jungfrau und Steinbock: Diese Zeichen werden von der stabilen und bodenständigen Natur des Elements Erde geprägt. Sie sind praktisch veranlagt, zuverlässig und haben ein starkes Sicherheitsbedürfnis. Erdzeichen sind geduldig, und begeistern sich für die schönen Dinge des Lebens.

Luft
Zwilling, Waage und Wassermann: Sie zeichnen sich durch ihre Leichtigkeit aus. Sie sind visionär, kommunikativ und streben nach Abwechslung. Luftzeichen sind oft sozial, geistreich und haben Talent dafür, Ideen zu entwickeln und sich neuen Perspektiven zu öffnen.

Wasser
Krebs, Skorpion und Fische: Sind als Wasserzeichen von emotionaler Tiefe geprägt. Sie sind einfühlsam und haben eine starke Verbindung zu Gefühlen, sowohl zu ihren eigenen als auch zu denen anderer Menschen. Wasserzeichen sind oft kreativ und haben ein sehr gutes Gespür für Interaktion.

Feuer
Widder, Löwe und Schütze: Feuerzeichen zeichnen sich durch die leidenschaftliche und energiegeladene Natur des Elements aus. Sie sind enthusiastisch, mutig, streben nach Wachstum, sind impulsiv und üben eine Faszination auf ihre Mitmenschen aus.

Widder (21. März – 20. April): Widder sind bekannt für ihre Entschlossenheit, ihre Willensstärke und ihre Abenteuerlust. Im Dezember können sie sich besonders von der Energie des Schützen inspirieren lassen und sich auf neue Herausforderungen freuen.

Stier (21. April – 20. Mai): Stiere sind bodenständig, entschlossen und sinnlich. Im Dezember können sie ihre tiefe Verbundenheit zur Natur und ihre ruhige Ausstrahlung nutzen, um die Feiertage in entspannter Atmosphäre zu genießen.

Zwillinge (21. Mai – 21. Juni): Zwillinge sind vielseitig, neugierig und sozial. Im Dezember können sie ihre kommunikativen Fähigkeiten nutzen, um sich mit Familie und Freunden zu verbinden und die festliche Stimmung zu verstärken.

Krebs (22. Juni – 22. Juli): Krebse sind fürsorglich, emotional und intuitiv. Im Dezember können sie ihre emotionale Tiefe nutzen, um sich mit ihren Liebsten zu verbinden und eine warme, herzliche Atmosphäre zu schaffen.

Löwe (23. Juli – 23. August): Löwen sind selbstbewusst, großzügig und kreativ. Im Dezember können sie ihre natürliche Führungsfähigkeit nutzen, um die Vorbereitungen für die Feiertage zu organisieren und zu Hause für eine festliche Stimmung zu sorgen.

Jungfrau (24. August – 23. September): Jungfrauen sind praktisch, analytisch und zuverlässig. Im Dezember können sie ihre organisatorischen Fähigkeiten nutzen, um die Feiertage so zu gestalten, dass sie ihnen und anderen ein Lächeln auf die Lippen zaubern.

Waage (24. September – 23. Oktober): Waagen sind charmant, ausgeglichen und sozial. Im Dezember hilft ihnen ihre diplomatische Art dabei, für eine harmonische Stimmung zu sorgen und die festliche Atmosphäre mit ganzem Herzen zu genießen.

Skorpion (24. Oktober – 22. November): Skorpione sind leidenschaftlich, intensiv und tiefgründig. Im Dezember können sie die Feiertage nutzen, um die Verbindung zu sich selbst zu stärken und neue persönliche Möglichkeiten zu erkunden.

Schütze (23. November – 21. Dezember): Schützen sind abenteuerlustig, optimistisch und philosophisch. Im Dezember feiern sie Geburtstag und können sich von der energiegeladenen Atmosphäre des Monats inspirieren lassen, um spirituelle Wege zu erkunden.

Steinbock (22. Dezember – 20. Januar): Steinböcke sind ehrgeizig, verantwortungsbewusst und genügsam. Im Dezember können sie ihre Ziele mit Ausdauer und Entschlossenheit verfolgen und die Feiertage nutzen, um ihre Zukunft zu fokussieren.

Wassermann (21. Januar – 19. Februar): Wassermänner sind weltoffen, unkonventionell und einfallsreich. Im Dezember können sie ihre kreative Energie nutzen, um einzigartige Geschenke zu machen und für eine schöne Atmosphäre zu sorgen.

Fische (20. Februar – 20. März): Fische sind einfühlsam, träumerisch und intuitiv. Im Dezember schaffen sie dank ihrer künstlerischen Begabung eine magische Stimmung und stellen eine tiefe Verbindung zur spirituellen Bedeutung der Feiertage her.

Der Mond und die Adventszeit

Der Mond übt einen starken Einfluss auf die Erde und unser Leben aus. Er bewegt die Ozeane, und auch wir spüren die Energie der Mondphasen. Während eines Zyklus erscheint der Mond in unterschiedlichen Intensitäten, beginnend mit der Neumondphase, wenn er für uns unsichtbar ist, und endend mit dem Vollmond, wenn er in seiner ganzen Pracht erstrahlt. Jede Phase hat ihre eigene Energie und Bedeutung, die sich auf unterschiedliche Aspekte unseres Lebens auswirkt.

Neumond: Der Mond befindet sich in dieser Phase exakt zwischen Erde und Sonne und lässt uns nur seine dunkle Seite erblicken. Der Neumond markiert den Beginn des Mondzyklus und wird oft als Zeit des Neubeginns betrachtet. Eine Zeit, um persönliche Intentionen zu formulieren und Pläne für die Zukunft zu schmieden. Nutze die Zeit des Neumonds dafür, in dich hineinzuhören und dich neu aufzustellen.

Schmiede Zukunftspläne und reflektiere deine Ziele.

Zunehmender Mond: In den Tagen nach dem Neumond nimmt der Mond zu und gewinnt an Helligkeit. Diese Phase symbolisiert Wachstum, Entwicklung und die Erweiterung des eigenen Horizonts. Im Dezember lädt der zunehmende Mond dazu ein, voller Energie neue Möglichkeiten zu erkunden und darauf zu vertrauen, dass du deine Ziele erreichen wirst. Diese Phase ist bestens geeignet, um altbekannte Hindernisse zu überwinden und Veränderungen anzustreben.

Ich ziehe positive Energien und wertvolle Erfahrungen an, die meine Kreativität neu aufleben lassen.

Erstes Viertel: Wenn der Mond das erste Viertel erreicht, steht er halb beleuchtet am Himmel und markiert die Hälfte seines Zyklus. Diese Phase bringt oft Herausforderungen mit sich, die gemeistert werden müssen. Im Dezember fordert uns dieser Halbmond dazu auf, Durchhaltevermögen zu zeigen und unser Ziel auch unter schwierigen Bedingungen nicht aus den Augen zu verlieren.

Ich überwinde Hindernisse und treffe Entscheidungen, um mein Potenzial zu entfalten.

Zunehmender Halbmond: In den Tagen nach dem ersten Viertel nimmt der Mond weiter zu und so auch seine Helligkeit. Diese Phase symbolisiert Stabilität und Fortschritt, weshalb wir im Dezember dazu ermuntert werden, auf unsere eigenen Fähigkeiten zu vertrauen und Schritt für Schritt in die Richtung unserer Träume zu gehen.

Ich fokussiere mich auf mein Wachstum, während ich mein Leben in die gewünschte Richtung lenke.

Vollmond: Der Vollmond markiert den Höhepunkt des Mondzyklus. In dieser Phase steht die Erde nahezu in einer geraden Linie zwischen Sonne und Mond, wobei die Sonne genau die Mondhälfte anstrahlt, die der Erde zugewandt ist. Der Vollmond übt eine große Faszination auf uns aus, da seine Energien unsere Erde und auch unser Leben besonders beeinflussen. Diese Mondphase bietet eine gute Gelegenheit, um Vergangenes hinter sich zu lassen und negative Glaubenssätze endgültig zu verbannen. Zugleich bietet er auch die Gelegenheit, voller Zuversicht nach vorne zu schauen und positive Vorsätze für die Zukunft zu formulieren.

Ich feiere meine Erfolge und bin dankbar für mein erfülltes Leben.

Abnehmender Halbmond: Nach dem Vollmond nimmt die Helligkeit des Mondes langsam wieder ab und so lernen auch wir, wie reinigend das Loslassen sein kann. Im Dezember ermutigt der abnehmende Halbmond, sich von allem zu befreien, was nicht mehr benötigt wird, um sich auf das Wesentliche zu konzentrieren. Es ist Zeit, um Ballast abzuwerfen und Platz fur Neues zu schaffen.

Ich lasse los, was mir nicht mehr dient, und befreie mich von alten Mustern, um Neues in mein Leben einzuladen.

Letztes Viertel: Wenn der Mond das letzte Viertel erreicht, steht er erneut halb beleuchtet am Himmel und markiert das Ende seines Zyklus. Diese Phase bringt oft Abschlüsse und Abschiede mit sich. Im Dezember fordert das letzte Viertel dazu auf, Altes endlich vollständig loszulassen. Es ist eine Zeit der Reflexion und des Abschieds, um Raum für neue Anfänge zu machen.

Ich schließe Kapitel ab und bereite mich auf Neuanfänge vor, während ich mich auf meine innere Weisheit und Stärke verlasse.

Die Bedeutung der Mondzeichen

Wenn wir von unseren Sternzeichen sprechen, meinen wir meistens unser Sonnenzeichen, da dieses sich am leichtesten anhand unseres Geburtsdatums identifizieren lässt. Tatsächlich besteht unser Sternzeichen aber aus mehreren Komponenten: Neben dem Sonnenzeichen, welches unsere Charaktereigenschaften beeinflusst, gibt es außerdem noch das Mondzeichen, das durch die Position des Mondes zum genauen Zeitpunkt unserer Geburt festgelegt wird und Rückschlüsse auf unsere emotionalen Bedürfnisse ermöglicht. Es reflektiert unser Inneres und verdeutlicht, wie wir auf die Welt um uns herum reagieren. Um unsere Persönlichkeit besser zu verstehen, ist es ratsam, nicht nur das Sonnenzeichen, sondern auch das Mondzeichen zu kennen.

Zur Berechnung benötigst du deine Geburtszeit sowie deinen Geburtsort und schon kannst du mithilfe verschiedener Onlineportale dein Mondzeichen ermitteln.

Die Bedeutung der Aszendenten

Eine weitere Komponente unseres kosmischen Profils bildet der Aszendent, auch bekannt als das aufgehende Zeichen. Als Aszendent bezeichnen wir das Tierkreiszeichen, das zum Zeitpunkt unserer Geburt am östlichen Horizont aufgeht. Er steht für unsere äußere Erscheinung und den ersten Eindruck, den wir auf andere machen, sowie für die Art und Weise, wie wir uns in der Welt präsentieren.

Um deinen Aszendenten zu bestimmen, benötigst du lediglich deine Geburtszeit.

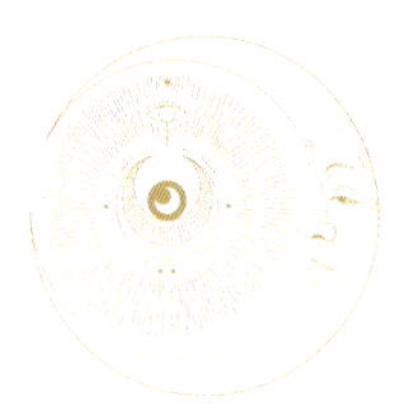

Die Bedeutung des Deszendenten

Der Deszendent, auch bekannt als das absteigende Zeichen, ist das Tierkreiszeichen, das zum Zeitpunkt unserer Geburt am westlichen Horizont untergeht. Er symbolisiert unsere Beziehungen zu anderen Menschen und zeigt an, welche Personen wir anziehen und welche Eigenschaften wir in zwischenmenschlichen Beziehungen suchen.

Während wir uns durch den Dezember bewegen, ist es hilfreich, die Einflüsse unserer Sternzeichen, Mondzeichen, Aszendenten und Deszentenden zu erkennen und zu verstehen, um uns bewusster mit den kosmischen Energien unserer Umgebung zu verbinden.

Möge dieses Wissen dich dabei unterstützen, eine erfüllende Adventszeit zu erleben, in der du dich tiefer mit dir selbst und den Menschen um dich herum verbinden kannst.

Die Planeten

Neben den Sternzeichen spielen auch die Planeten des Sonnensystems eine wichtige Rolle in der astrologischen Deutung. Jeder Planet repräsentiert bestimmte Energien und archetypische Kräfte, die unser Leben auf spiritueller Ebene beeinflussen. Passende Affirmationen helfen dir dabei, dich mit diesen besonderen kosmischen Energien zu verbinden und ein Leben im Einklang mit dem Universum zu führen.

Die **Sonne**, astronomisch gesehen kein Planet, sondern ein Stern, repräsentiert ein positives Selbstbewusstsein, die Lebenskraft und den individuellen Kern. Sie steht dafür, uns zu verwirklichen und dem Leben positiv entgegenzublicken.

Ich strahle meine wahre Kraft und Schönheit aus und lebe mein Leben in voller Entfaltung.

Der **Mond**, wenn auch nur im astrologischen Sinne ein Planet, symbolisiert die Emotionen, die inneren Empfindungen und das Unbewusste. Er beeinflusst unsere Stimmungen und Gefühle sowie unsere Beziehung zu uns selbst.

Ich vertraue meiner Intuition und bin im Einklang mit meinen Gefühlen.

Merkur steht für den Verstand, die Kommunikation und das Lernen. Er beeinflusst unser Denken, unsere Sprache und unsere Fähigkeit, Wissen zu erwerben.

Mein Geist ist klar und fokussiert.
Ich kommuniziere meine Gedanken und Ideen mit Leichtigkeit und Klarheit.

Venus repräsentiert Liebe, Schönheit und Harmonie. Sie beeinflusst unsere Beziehungen, unseren ästhetischen Sinn und unsere Fähigkeit, Freude zu empfinden.

Ich ziehe Liebe und Schönheit in mein Leben. Ich schätze die Harmonie, die mich umgibt.

Mars symbolisiert Energie, Durchsetzungskraft und Willen. Er steht für die Fähigkeit, Ziele zu verfolgen, Hindernisse zu überwinden und unseren Handlungen Tatkraft zu verleihen.

Ich bin voller Energie und Entschlossenheit.
Ich setze meine Ziele mutig um und schaffe es, für meine eigenen Bedürfnisse einzustehen.

Jupiter steht für Glück, Zuversicht und Optimismus. Er beeinflusst unser Streben nach Wachstum, unsere spirituelle Entwicklung und unsere Fähigkeit, Chancen zu erkennen und zu nutzen.

Ich bin dankbar für die Fülle und die Möglichkeiten, die das Leben mir bietet. Ich öffne mein Herz hoffnungsvoll für mein persönliches Glück.

Saturn symbolisiert Disziplin, Verantwortung und Widerstandsfähigkeit. Er fordert uns auf, unsere Grenzen zu erkennen, Ausdauer zu zeigen und unsere Ziele mit Beharrlichkeit zu verfolgen.

Ich nehme meine Verantwortung ernst und handle mit Weisheit und Besonnenheit. Ich schaffe Stabilität und Struktur in meinem Leben.

Uranus steht für Veränderung, Innovation und Individualität. Er inspiriert uns dazu, unser eigenes Leben zu gestalten, neue Wege zu gehen und uns von gesellschaftlichen Normen zu lösen.

Ich bin offen für Veränderungen und neue Ideen. Ich lebe authentisch und folge meinem eigenen Weg.

Neptun symbolisiert Spiritualität, Empathie und Einheit. Er lädt uns ein, uns mit unserer spirituellen Natur zu verbinden, unsere Träume zu erkunden und Mitgefühl für alle Lebewesen zu empfinden.

Ich tauche ein in die Weisheit meines Herzens und verbinde mich mit der universellen Liebe. Ich bin eins mit allem, was ist.

Pluto repräsentiert Transformation, Wachstum und Erneuerung. Er fordert uns auf, unsere tiefsten Ängste zu überwinden, uns zu wandeln und unsere inneren Schätze zu entdecken.

Ich begrüße Veränderungen in meinem Leben und lasse Altes los, um Platz für Neues zu schaffen. Ich bin stark und kraftvoll.

Bist du bereit für das erste Türchen?
Dann atme durch und öffne deine Seele weit.
Lass deine magische Adventszeit beginnen!

24 astrologische Botschaften

für dich

Träumereien
sind der
Mondschein
der Gedanken.

JULES RENARD

Der Mensch, das *sonderbare Wesen:* mit den Füßen im Schlamm, mit dem Kopf in den *Sternen.*

ELSE LASKER-SCHÜLER

- Falte das Papier sorgfältig zusammen und halte es fest in deinen Händen. Spüre die Kraft und Entschlossenheit in dir, deine Träume Wirklichkeit werden zu lassen. Wenn du magst, kannst du deine Liste an einem sicheren Ort verstauen, um sie dir beim nächsten Neumond wieder in Erinnerung zu rufen.

- Beende dieses Ritual mit einer Affirmation, um dir deiner positiven Energie und individuellen Stärke bewusst zu werden:

Ich bin bereit, meine Träume zu manifestieren und mein volles Potenzial zu entfalten. Mit jedem Neumond ziehe ich positive Veränderungen in mein Leben und schaffe die Realität, die ich mir wünsche.

Tipp

Der passende Heilstein für das Neumond-Ritual ist der Bergkristall. Er symbolisiert Klarheit und hilft dabei, Altes zu überwinden. Halte während des Rituals einen Bergkristall in deinen Händen oder trage ihn als Schmuckstück, um deine Manifestationskraft zu verstärken und dich mit der reinen Energie des Neumonds zu verbinden.

Zum Neumond:

Manifestation und Neubeginn

Der Neumond markiert den Beginn eines neuen Mondzyklus. Es ist eine Zeit der Dunkelheit, in der wir uns auf unser eigenes Potenzial besinnen, um unsere Ziele manifestieren, das heißt durch die Kraft unserer Gedanken verwirklichen zu können. Am besten ist es, dafür ein kleines Ritual zu zelebrieren.

- Finde am Abend einen ruhigen Ort, an dem du dich wohlfühlst, und entzünde eine Kerze, um in dieser dunklen Nacht des Monats eine gemütliche Atmosphäre zu schaffen.
- Lege ein Blatt Papier sowie einen Stift in deine Nähe.
- Setze dich nun bequem hin und schließe deine Augen. Atme tief ein und aus, um zur Ruhe zu kommen. Visualisiere einen klaren, dunklen Himmel und spüre die Energie des Neumonds um dich herum. Stelle dir vor, wie du deine Sorgen und Ängste loslässt, indem du diese in den Nachthimmel sendest und sie in der Dunkelheit verschwinden. Lasse mit jedem weiteren Atemzug all das los, was dich belastet, was dir nicht guttut.
- Verharre einen Moment in der Stille, bevor du sanft deine Augen öffnest.
- Nun ist Platz für deine neuen Wünsche. Nimm das Papier und den bereitgelegten Stift zur Hand und schreibe auf, was du dir für den neuen Mondzyklus vornehmen möchtest. Sei dabei konkret und formuliere deine Wünsche so, als wären sie bereits in Erfüllung gegangen.
- Puste anschließend die Kerze aus, um deinen Wunsch zu besiegeln und ihn ins Universum zu schicken.

1

2

Magische Affirmationen

Im trubeligen Alltag verlieren wir häufig die Fähigkeit, uns selbst die Liebe zu schenken, die wir brauchen. Oft sind wir insbesondere in der Vorweihnachtszeit damit beschäftigt, all unseren Liebsten eine Freude zu machen und vergessen dabei, wie wichtig ist es, auch uns selbst liebevolle Aufmerksamkeit zu schenken.

Finde mit dieser herzöffnenden Meditation deinen inneren Frieden inmitten der Weihnachtszeit. Eine bekräftigende Affirmation zu Beginn deiner Meditation hilft dir dabei, dich mit deinen kosmischen Stärken zu verbinden und dein emotionales Wohlbefinden durch die kraftvolle Energie der Sterne zu verbessern.

- Suche dir einen ruhigen Ort, schenke dir selbst ein Lächeln, schließe deine Augen und atme tief durch die Nase ein. Bleibe einen Moment in der Atemstille, bevor du mit dem Ausatmen all das loslässt, was deine Gedanken gerade nicht zur Ruhe kommen lässt. Behalte diesen Atemrhythmus bei, bis du all das loslassen kannst, von dem du dich befreien möchtest.

- Nutze die nächsten Atemzüge, um dich mit deiner Intention zu verbinden. Dies kann eine der Affirmationen passend zu deinem Sternzeichen sein oder auch ein selbst gewählter Gedanke, der dich mit Zuversicht erfüllt. Gern kannst du dir auch die Energie eines anderen Sternzeichens zu eigen machen.

- Lege nun deine Hände auf dein Herz und spüre die Energie, die du in dir trägst, wenn du dich auf deine Intention besinnst. Lasse deinen gewählten Glaubenssatz mit jedem Einatmen in deinen Körper strömen, und sinke mit jedem Ausatmen tiefer in diese kraftvolle Verbindung mit deinem Körper.

- Visualisiere ein strahlendes Licht an der Stelle deines Herzens, das sich mit jeder Einatmung intensiviert und mit jeder Ausatmung Frieden und Gelassenheit in die Welt ausstrahlt.
- Verweile in diesem Zustand der inneren Verbundenheit zu dir selbst, bevor du sanft wieder in den Raum zurückkehrst, wenn die Zeit für dich gekommen ist. Öffne beim letzten Ausatmen langsam deine Augen und bedanke dich bei dir für diese kostbare Zeit.

Widder: Ich bin mutig und stark. Ich vertraue auf meine Fähigkeiten, um Herausforderungen zu meistern und meine Ziele zu erreichen.	**Stier:** Ich ruhe in mir und fühle mich geborgen. Ich vertraue darauf, dass ich alles habe, was ich brauche, um Fülle und Wohlstand in mein Leben zu bringen.	**Zwillinge:** Ich bin offen für Neues und lerne jeden Tag dazu. Ich vertraue darauf, dass Veränderungen neue Möglichkeiten bringen.
Krebs: Ich fühle mich geliebt und schenke Liebe. Ich öffne mein Herz sowohl für mich selbst als auch für andere.	**Löwe:** Ich strahle mit Selbstbewusstsein und Authentizität. Ich erlaube meinem inneren Licht, zu leuchten und die Welt zu erhellen.	**Jungfrau:** Ich habe Vertrauen in mich selbst und das Leben. Ich schätze meine Einzigartigkeit und erkenne die Schönheit in den kleinen Dingen.
Waage: Ich bin im Einklang mit mir selbst und meiner Umgebung. Ich schätze Harmonie und Gleichgewicht in all meinen Beziehungen.	**Skorpion:** Ich bin kraftvoll und voller Selbstvertrauen. Ich erlaube mir, alte Wunden zu heilen und mich vollständig zu entfalten.	**Schütze:** Ich bin frei und optimistisch. Ich vertraue darauf, dass das Universum mich führt und mir alle Möglichkeiten bietet, meine Träume zu verwirklichen.
Steinbock: Ich bin geduldig und zielgerichtet. Ich habe Träume und vertraue darauf, dass sie wahr werden können.	**Wassermann:** Ich bin einzigartig und voller Ideen. Ich erlaube mir, ich selbst zu sein und meine Kreativität mit der Welt zu teilen.	**Fische:** Ich bin einfühlsam und zuversichtlich. Ich vertraue meinem inneren Kompass und lasse meine Träume Wirklichkeit werden.

Wer niemals träumt,
verschläft sein
schönstes Leben.

FRIEDRICH RÜCKERT

3

Mondmilch

Mondmilch ist das ideale Getränk für den Dezember, weil sie eine beruhigende Wirkung hat und dich einen gemütlichen Moment nur für dich allein genießen lässt, während draußen die Temperaturen sinken und die Nächte länger werden. Mit dem sanften Geschmack und einer cremigen Konsistenz ist Mondmilch ein wahrer Genuss für deine Sinne.

Die ayurvedische Heilpflanze Ashwagandha, auch bekannt als Schlafbeere, hat eine beruhigende Wirkung und kann somit dazu beitragen, Körper und Geist zu entspannen, in einen erholsamen Schlaf zu finden und dich deinen Träumen hinzugeben.

Zutaten

- 250 ml pflanzliche Milch
- ½ TL Ashwagandha (Schlafbeere)
- 1 Prise Ceylon-Zimt
- 1 Prise Muskat
- 1 Prise Kardamom
- ½ Vanilleschote
- 1 EL Honig

So geht's:

Erwärme eine pflanzliche Milch deiner Wahl unter ständigem Rühren sanft bei niedriger Hitze in einem Topf, ohne sie zum Kochen zu bringen. Füge anschließend die Gewürze hinzu und rühre den Honig unter. Gib nun alles in eine Tasse und genieße die wohltuende Wirkung dieses wärmenden Getränks. Stelle dir mit jedem Schluck vor, wie dich die magische Energie des Mondes sanft umhüllt und du immer mehr zur Ruhe kommst.

Ich liebe es,
mich nachts in den
Anblick
des sternenbedeckten
Himmels
zu versenken.

LEO N. TOLSTOI

4

Planeten am Dezemberhimmel

Neben beeindruckend strahlenden Sternenkonstellationen wie dem Großen Hund, dem Stier oder auch dem bekannten Sternbild des Himmelsjägers Orion, lassen sich auch drei Planeten mit bloßem Auge am Dezemberhimmel entdecken.

Einer der Planeten ist die Venus, die nach dem Mond der am hellsten leuchtende Himmelskörper ist. In der Astrologie steht die Venus, so wie auch der Mond, für die weiblichen Persönlichkeitsanteile und symbolisiert die unabhängige Frau.

Ein weiterer Planet, dessen Energie dich beim nächtlichen Blick in den Sternenhimmel umhüllen kann, ist der Jupiter. Der zweithellste kosmische Körper ist ein besonders beeindruckendes Phänomen, da man auch seine vier größten Monde, die um ihn herum schweben, ausmachen kann. Wenn du den Jupiter entdecken kannst, kann dies für dich große Chancen bereithalten. Dieser Planet steht für Optimismus, Glück und persönliches Wachstum. Nimm dir daher einen Augenblick Zeit, seine positive Aura auf dich wirken zu lassen und versuche, dir die Dinge ins Bewusstsein zu rufen, die dich gerade glücklich machen.

Neben Venus und Jupiter hast du im Dezember ebenfalls die Möglichkeit, den Saturn am Nachthimmel zu erspähen. Auch wenn sich sein Ringsystem erst mit einem Teleskop erkennen lässt, ist allein der Anblick mit bloßem Auge schon ein Ereignis für sich. Als Planet, der für die kleinen und großen Herausforderungen in unserem Leben steht, kann sein Anblick neuen Mut wecken und uns daran erinnern, manchen Dingen mit Geduld zu begegnen.

Gerade im hektischen Alltag der Vorweihnachtszeit dürfen uns diese magischen Entdeckungen am Nachthimmel daran erinnern, dass wir alle Teil eines einzigartigen Kosmos sind, der uns jeden Tag mit kleinen und großen Wundern überrascht – manche von ihnen passieren uns im Alltag, wenn wir am wenigstens damit rechnen und mit einem Blick in den Nachthimmel können wir sie funkeln sehen.

Es ist besser,

ein Licht

zu entzünden, als auf die

Dunkelheit

zu schimpfen.

KONFUZIUS

5

Selene

In der Welt der griechischen Mythologie erstrahlt Selene als die göttliche Verkörperung des Mondes – eine majestätische Gestalt, deren Anmut seit Jahrhunderten die Fantasie der Menschen beflügelt. Mit der Mondsichel zur Krönung ihres Hauptes wird sie in vielen Kulturen als eine Göttin verehrt, deren lichtvolle Präsenz den nächtlichen Himmel erleuchtet und die Geheimnisse der Dunkelheit enthüllt. Sie gilt als Symbol für Weisheit, Schönheit und Intuition und verkörpert den Wechsel von Licht zu Dunkelheit, von Dunkelheit zu Licht, der sich in einem ewigen Tanz am Himmel vollzieht.

So wie wir in der dunklen Adventszeit mit vier Kerzen Schritt für Schritt mehr Licht in unser Zuhause bringen, kann auch Selene uns dazu inspirieren, uns den Geheimnissen der Dunkelheit zu öffnen und das Licht in uns selbst zu entdecken. Während wir die dunklen Wintertage erleben, erinnert uns diese Mondgöttin daran, immer wieder tief in unser Innerstes zu hören und in dieser Geborgenheit zur Ruhe zu finden.

Selene kann uns lehren, die Dunkelheit nicht zu fürchten, sondern sie als eine Zeit der Stille und des Wachstums zu schätzen. So wie der Mond am dunkelsten erscheint, bevor er nach und nach wieder in voller Pracht am Himmel erstrahlt, können auch wir in den dunklen Momenten unseres Lebens die Hoffnung bewahren und darauf vertrauen, dass das Licht wieder zu uns zurückkehren wird, weil wir es immer tief in uns tragen.

Hat der Abend
auch keine Sonne
so hat er doch *Sterne.*

SPRICHWORT

6

Heilstein-Ritual
für die Adventszeit

Die Adventszeit ist eine Zeit der Vorfreude und Besinnung, in der wir unsere innere Ruhe wiederfinden und uns auf das konzentrieren, was uns wirklich wichtig ist.

Ein Heilstein-Ritual kann dich dabei unterstützen, auch an hektischen Tagen einen Moment tiefer Entspannung zu erleben und die kosmischen Energien dieser besonderen Zeit auf dich wirken zu lassen.

- Schaffe dir eine erholsame Atmosphäre, indem du Kerzen anzündest und beruhigende Musik abspielst. Stelle sicher, dass du für die Zeit des Rituals ungestört bist und dich ganz auf dein Wohlbefinden fokussieren kannst.
- Wähle einen Heilstein aus, der sich für dich heute besonders kraftvoll anfühlt. Dabei kann es hilfreich sein, den Heilstein in die Hand zu nehmen, dir seine Farbe und Struktur genau anzusehen und seine Energie auf dich wirken zu lassen. Wenn du dein Herz für ein bestimmtes Anliegen öffnen möchtest, kann dir der Rosenquarz helfen. Falls du Mut für ein neues Abenteuer schöpfen möchtest, kann dich der Malachit ermutigen.
- Falls du eine enge Verbindung mit Kraft unseres Universums eingehen möchtest, wähle am besten einen Heilkristall, der die positive Energie deines Sternzeichens stärkt. Wenn du dich mit der Magie anderer Sternzeichen verbinden möchtest, kannst du deine Steinauswahl auch daran ausrichten, um ihre Stärken für dich zu nutzen.

Widder: Der Rubin betont den Mut und entfaltet die kraftvolle Energie des Widders, während der Rosenquarz dabei helfen kann, innere Ruhe einkehren zu lassen.	**Stier:** Der Bernstein fördert die positive Lebenseinstellung, und der Malachit kann neue Perspektiven aufzeigen.	**Zwillinge:** Der Turmalin kann den Sinn für die Gemeinschaft stärken, während der Aquamarin neues Durchhaltevermögen in sich birgt.
Krebs: Der Karneol verstärkt die Freude am Leben, und der Rutilquarz kann dabei helfen, negative Emotionen ziehen zu lassen.	**Löwe:** Der Bergkristall stärkt das Selbstwertgefühl der Löwen, während das Tigerauge seine sprudelnde Energie in die richtigen Bahnen lenken kann.	**Jungfrau:** Ein Saphir erweckt ein Gefühl von Geborgenheit, und ein Bernstein kann Leichtigkeit ins Leben bringen.
Waage: Jade sorgt für ein harmonisches Leben, und mithilfe eines Malachits gelingt es der Waage, sich auf die eigenen Gefühle zu besinnen.	**Skorpion:** Ein Obsidian kann seelische Schmerzen lindern, während der Türkis eine aufmunternde Wirkung mit sich bringt.	**Schütze:** Ein Sodalith birgt spirituelles Wachstum, und ein Chalcedon hilft dabei, den Mitmenschen achtsam und nachsichtig zu begegnen.
Steinbock: Der Bergkristall unterstützt die Konzentrationsfähigkeit, und ein Sonnenstein bringt Heiterkeit mit sich.	**Wassermann:** Der Aquamarin unterstützt unkonventionelle Lebenswege, und der Magnesit hat eine beruhigende Wirkung.	**Fische:** Ein Amethyst verstärkt den wachen Geist, während der Rosenquarz dabei helfen kann, dem Leben zu vertrauen.

Setze dich nun bequem hin und halte die ausgewählten Heilsteine in deinen Händen. Schließe die Augen und konzentriere dich auf deine Atmung. Wähle eine Affirmation, die deine Absicht für die Adventszeit ausdrückt, wie zum Beispiel: *Ich finde Frieden und Ruhe in mir selbst.*

Lasse die Energien der Heilsteine durch deine Hände fließen und spüre, wie sie dich mit Ruhe und Besinnlichkeit erfüllen. Visualisiere ein warmes, beruhigendes Licht, welches sich – von deinen Händen ausgehend – wie eine warme Umarmung um dich legt und dir die Sicherheit gibt, tief in dein Innerstes zu blicken.

Nimm dir zum Abschluss deines Rituals einen Moment, um dankbar zu sein. Spüre die Wärme und Geborgenheit, die diese Zeit der inneren Einkehr mit sich bringt, und trage sie in den kommenden Tagen mit dir.

Es ist nie zu spät,
der zu sein,
der man hätte
sein können.

GEORGE ELIOT

7

Zum zunehmenden Mond:

Persönliches Wachstum

Während der Mond am Firmament langsam größer und heller wird, beginnt auch für uns die Zeit des Wachstums. Diese Mondphase ist ideal, um positive Veränderungen im Leben herbeizuführen und dein Potenzial zu entfalten. Mit diesem kraftvollen Ritual darfst du dir deine persönlichen Erfolge in Erinnerung rufen und wieder voller Selbstbewusstsein in die Zukunft blicken.

- Sammle im Laufe des Tages fünf Gegenstände aus deinem Alltag, die du mit persönlichem Wachstum und Erfolg in Verbindung bringst. Diese Gegenstände können konkrete Erinnerungsstücke sein oder auch eine symbolische Bedeutung für dich haben – du darfst deine Auswahl ganz individuell treffen.
- Wähle am Abend dann einen ruhigen Ort, an dem du für die nächsten 15 Minuten ungestört bist. Dieser befindet sich idealerweise in der Nähe eines Fensters, sodass du bei klarem Nachthimmel das sanfte Strahlen des zunehmenden Mondes erblicken kannst.
- Lege deine persönlichen Gegenstände in einem Halbkreis vor dir aus, setze dich bequem hin und schließe deine Augen. Finde mit ein paar tiefen Atemzüge zur Ruhe.
- Nimm nun die Gegenstände nacheinander in deine Hände und rufe dir dein individuelles Wachstum der vergangenen Jahre ins Bewusstsein. Erinnere dich an die Momente, an denen du vor großen Hürden standest. Führe dir vor Augen, wie du an diesen Situationen gewachsen bist und dass du die Kraft besitzt, auch zukünftig Veränderungen voller Zuversicht zu begegnen.

- Wähle zum Abschluss dieser Praxis den Gegenstand aus, der für dich am kraftvollsten ist. Halte ihn an dein Herz und spüre, wie sich seine positive Energie auf dich überträgt.
- Beende dein Ritual mit einem tiefen Atemzug, blicke in den magischen Nachthimmel und platziere den Gegenstand anschließend an einem Ort, an dem er dich zukünftig daran erinnert, dein volles Potenzial zu entfalten und voller Selbstvertrauen an dich zu glauben.

Tipp

Der passende Heilstein für das Ritual zum zunehmenden Mond ist der Hämatit. Er symbolisiert Energie und ermutigt dazu, dem eigenen Können zu vertrauen. Platziere deinen Hämatit neben deinen persönlichen Gegenständen und lasse seine kraftvolle Aura auf dich wirken.

Wir lieben die *Sterne* zu sehr, um uns vor der *Nacht* zu fürchten.

JOHN BRASHEAR

8

Die Magie des Mondes

Dein Sperrnächte-Ritual

Am heutigen Abend beginnen die zwölf Sperrnächte, in denen wir bis zur Wintersonnenwende am 21. Dezember intensiv mit den kosmischen Energien in Verbindung treten können. Da die kommenden 13 Nächte zugleich die dunkelsten des Jahres sind, werden diese auch als Dunkelnächte bezeichnet. Erst mit der Wintersonnenwende, der längsten Nacht des Jahres, kommt das Licht zurück, da die Tage von diesem Zeitpunkt an langsam wieder länger werden.

Jede der anstehenden Sperrnächte steht dabei für einen Monat des vergangenen Jahres: die Nacht vom 8. auf den 9. Dezember entspricht dem Januar, die Nacht vom 9. auf den 10. Dezember wird dem Februar zugeordnet, die dritte Nacht der Sperrnächte dem März usw. Die kommenden zwölf Tage dienen dazu, Rückschau zu halten, Monat für Monat zu reflektieren und das Jahr liebevoll ziehen zu lassen. Befreie dich von all den Dingen und Gedanken, die dir nicht mehr guttun und bereite den Weg für das Neue in deinem Leben. Eine Möglichkeit, die Sperrnächte rituell zu begleiten, kann eine Kerzenmeditation sein. Widme deine Aufmerksamkeit heute Abend dem Betrachten einer flackernden Kerze und hole damit auch in der dunkelsten Stunde ein wenig Licht und Wärme in dein Leben.

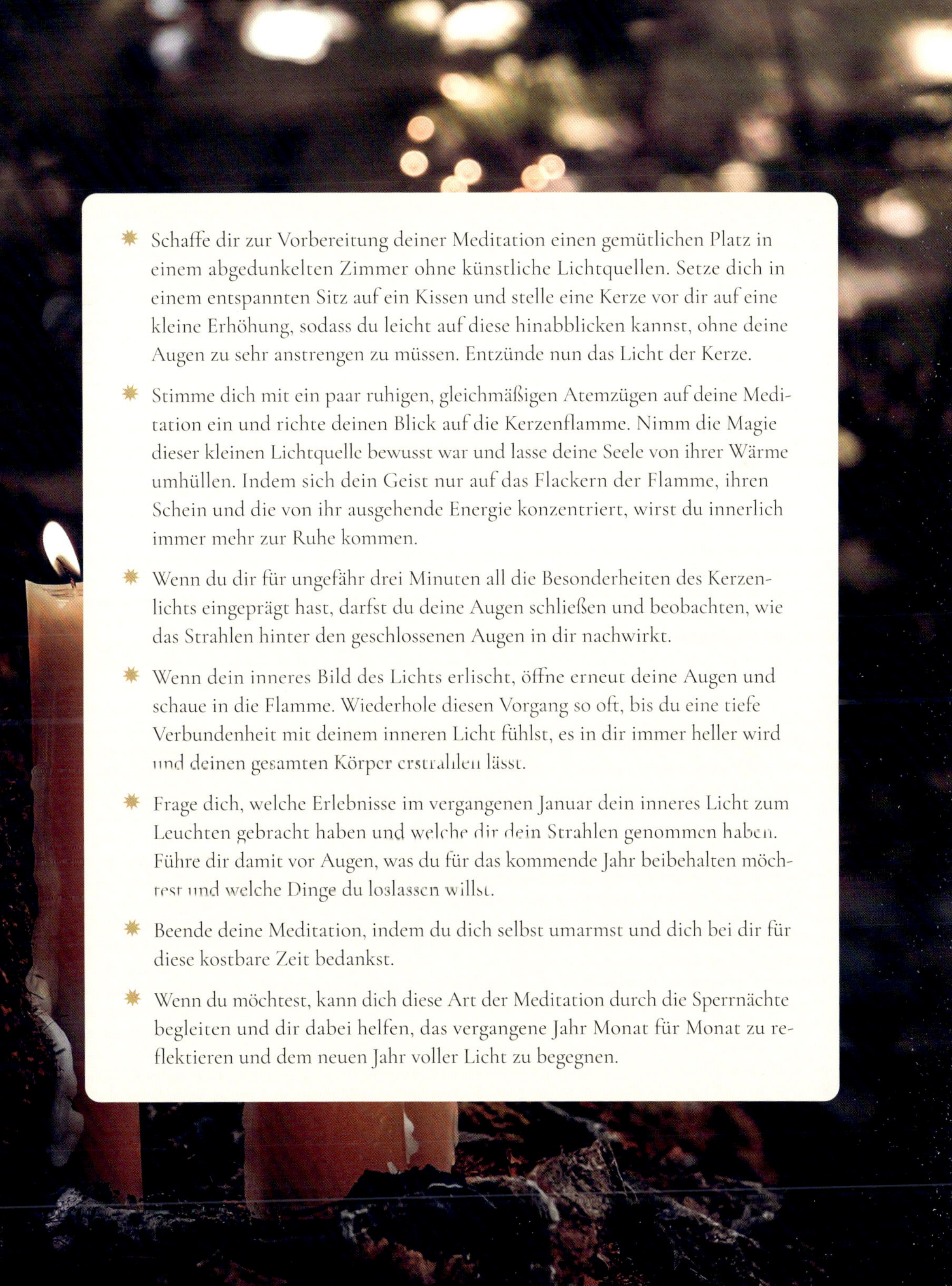

- Schaffe dir zur Vorbereitung deiner Meditation einen gemütlichen Platz in einem abgedunkelten Zimmer ohne künstliche Lichtquellen. Setze dich in einem entspannten Sitz auf ein Kissen und stelle eine Kerze vor dir auf eine kleine Erhöhung, sodass du leicht auf diese hinabblicken kannst, ohne deine Augen zu sehr anstrengen zu müssen. Entzünde nun das Licht der Kerze.
- Stimme dich mit ein paar ruhigen, gleichmäßigen Atemzügen auf deine Meditation ein und richte deinen Blick auf die Kerzenflamme. Nimm die Magie dieser kleinen Lichtquelle bewusst war und lasse deine Seele von ihrer Wärme umhüllen. Indem sich dein Geist nur auf das Flackern der Flamme, ihren Schein und die von ihr ausgehende Energie konzentriert, wirst du innerlich immer mehr zur Ruhe kommen.
- Wenn du dir für ungefähr drei Minuten all die Besonderheiten des Kerzenlichts eingeprägt hast, darfst du deine Augen schließen und beobachten, wie das Strahlen hinter den geschlossenen Augen in dir nachwirkt.
- Wenn dein inneres Bild des Lichts erlischt, öffne erneut deine Augen und schaue in die Flamme. Wiederhole diesen Vorgang so oft, bis du eine tiefe Verbundenheit mit deinem inneren Licht fühlst, es in dir immer heller wird und deinen gesamten Körper erstrahlen lässt.
- Frage dich, welche Erlebnisse im vergangenen Januar dein inneres Licht zum Leuchten gebracht haben und welche dir dein Strahlen genommen haben. Führe dir damit vor Augen, was du für das kommende Jahr beibehalten möchtest und welche Dinge du loslassen willst.
- Beende deine Meditation, indem du dich selbst umarmst und dich bei dir für diese kostbare Zeit bedankst.
- Wenn du möchtest, kann dich diese Art der Meditation durch die Sperrnächte begleiten und dir dabei helfen, das vergangene Jahr Monat für Monat zu reflektieren und dem neuen Jahr voller Licht zu begegnen.

Die Sonne
lehrt alle Lebewesen
die Sehnsucht nach dem Licht.
Doch es ist *die Nacht,*
die uns alle zu
den Sternen erhebt.

JOHANN WOLFGANG VON GOETHE

9

Weihnachtliche Wohlfühlmomente

Zimtige Sterne

Mit diesem wundervollen Rezept für Zimtsterne kannst du die Magie des Sternenhimmels in dein Zuhause holen und dich vom wohligen Duft verzaubern lassen. Die Zubereitung dieser himmlischen Zimtsterne ist ganz einfach – viel Spaß beim Backen!

Zutaten

- 3 Eiweiß
- 1 Prise Salz
- 250 g Puderzucker
- 350 g gemahlene Mandeln
- 2 TL Zimt
- 1 Päckchen Vanillezucker
- 1 TL Zitronensaft
- Gemahlene Mandeln zum Ausrollen

So geht's:

Eiweiße mit einer Prise Salz in eine Schüssel geben und mit dem Rührbesen schaumig schlagen. Puderzucker sieben, löffelweise zu den Eiweißen geben und weiterschlagen, bis der Eischnee fest ist. Abschließend 1 TL Zitronensaft hinzufügen und vorsichtig vermischen. Für die Glasur ca. 7 EL des Eischnees beiseitestellen.

Gemahlene Mandeln, Zimt, Vanillezucker und Salz in einer Schüssel vermengen und portionsweise zu dem restlichen Eischnee geben. Alles zu einem glatten Teig verkneten und diesen für ca. 2 Stunden kühl stellen.

Backofen auf ca. 140 Grad Ober-/Unterhitze vorheizen. Den Teig auf einer leicht mit gemahlenen Mandeln bestäubten Arbeitsfläche etwa 1 cm dick ausrollen und mit einer Ausstechform ca. 50 schöne Sterne ausstechen. Damit der Teig nicht an der Ausstechform klebt, diese zwischendurch in Puderzucker drücken. Die Sterne mit dem restlichen Eischnee bestreichen.

Die Zimtsterne auf ein mit Backpapier ausgelegtes Blech legen und im Ofen bei 140 Grad Ober-/Unterhitze für etwa 15 Minuten backen. Die Glasur sollte dabei hell bleiben und die Sterne beim Herausnehmen noch etwas weich sein. Die Zimtsterne vollständig auskühlen lassen und in einer luftdichten Dose aufbewahren.

Mache es dir gemütlich und genieße diese köstlichen Zimtsterne mit einem heißen Getränk, während du deinen Blick in den nächtlichen Sternenhimmel richtest und für einen kurzen Moment ganz bei dir bist.

Ziele nach dem Mond.

Selbst wenn du ihn verfehlst, wirst du zwischen den Sternen landen.

FRIEDRICH NIETZSCHE

10

Lilith

In die Schatten der Nacht erhebt sich Lilith, eine düstere und faszinierende Gestalt der Mythologie, die als die erste Frau der Welt gilt. Sie verkörpert eine unabhängige und kraftvolle weibliche Präsenz, die oft mit den dunklen Seiten des Mondes in Verbindung gebracht wird. Sie wird häufig als eine Göttin der Dunkelheit und der Stärke betrachtet, da sie sich gegen die Unterordnung unter Adam, dem ersten Mann, auflehnte und stattdessen das Paradies verließ, um ihre Unabhängigkeit zu bewahren.

In der Adventszeit, die oft mit Licht und Hoffnung verbunden ist, kann Lilith uns daran erinnern, dass die in den Wintermonaten herrschende Dunkelheit auch eine Quelle der Kraft sein kann. Während wir uns auf die helle Stimmung des Weihnachtsfests vorbereiten, können wir durch Lilith dazu inspiriert werden, auch unsere vermeintlich dunklen Seiten, unsere Schwächen und Schatten, anzuerkennen und liebevoll zu umarmen. Während der Adventszeit können wir Lilith als eine Verbündete betrachten, die uns ermutigt, uns mit Dingen zu beschäftigen, die wir ansonsten versuchen, von uns wegzuschieben. Ihre kraftvolle Präsenz kann uns daran erinnern, dass wir uns stets für die eigene Freiheit einsetzen und an uns selbst glauben dürfen, um all das zu erreichen, was wir verdienen.

Ich werde

Weihnachten

in meinem

Herzen

ehren und versuchen,
es das ganze Jahr
hindurch zu bewahren.

CHARLES DICKENS

11

Weihnachtliche Filmklassiker

An den gemütlichen Abenden der Adventszeit gehören Weihnachtsfilme einfach dazu. Eingekuschelt mit einer wärmenden Decke, einer heißen Tasse Kakao und leckeren Plätzchen können wir nach einem langen Tag zur Ruhe kommen und in eine andere Welt eintauchen.

Bei der Auswahl des richtigen Weihnachtsklassikers lohnt sich ein Blick in dein Horoskop – finde heraus, welcher weihnachtliche Film am besten zu deinem Sternzeichen passt.

Widder: Dieses entschlossene und willensstarke Sternzeichen kommt beim Kultfilm *Drei Haselnüsse für Aschenbrödel* auf seine Kosten. Aschenbrödels unerschütterlicher Mut passt perfekt zum lebhaften Wesen des Widders.

Stier: Stiere sind bodenständig, lieben Traditionen und wählen in der für sie typischen Entschlossenheit jedes Jahr aufs Neue denselben Weihnachtsklassiker: Die gefühlvolle Geschichte rund um die Kaiserin Sissi gehört für sie zur Adventszeit wie Punsch und Plätzchen.

Zwillinge: Zwillinge blühen in sozialen Beziehungen erst so richtig auf und können sich in der Weihnachtszeit für all die liebevollen Gesten begeistern. Daher darf es für sie mit *Tatsächlich Liebe* gern der Liebesfilm schlechthin sein. Diese verschiedenen Liebesgeschichten, die sich alle um die Weihnachtszeit entfalten, sind genau das Richtige, um das Herz eines Zwillings zu berühren.

Krebs: Der emotionale und fürsorgliche Krebs wählt in der Adventszeit gern einen Weihnachtsfilm, der romantisch und unterhaltsam ist. Die herzerwärmende Geschichte von *Liebe braucht keine Ferien* erinnert mit Humor daran, dass wir an jedem Ort dieser Welt Liebe in unser Herz lassen können.

Löwe: Für den charismatischen und großzügigen Löwen ist *Der kleine Lord* der perfekte Weihnachtsfilm, denn auch der kleine Lord Fauntleroy erobert die Herzen seiner Mitmenschen mit seiner gutmütigen Art.

Jungfrau: Mit ihrer empathischen und zuverlässigen Art erschaffen sich Jungfrauen zur Weihnachtszeit gern eine heimelige Atmosphäre. Der passende Film für einen gemütlichen Weihnachtsabend ist für dieses Sternzeichen *Das Wunder von Manhattan*.

Waage: Die harmoniebedürftige Waage lässt sich schwer für klassische Weihnachtsfilme begeistern. Kitsch, Romantik und Liebesfilme sind nicht so ihrs. Sie ist jedoch kompromissbereit und lässt sich für einen weihnachtlichen Filmabend am ehesten vom *Grinch* begeistern.

Skorpion: Der leidenschaftliche Skorpion ist für seine mutigen Entscheidungen bekannt. So wie der kleine Junge in *Der Polarexpress* liebt auch dieses Sternzeichen kleine und große Abenteuer.

Schütze: Mit ihrer unbändigen Energie suchen Schützen auch bei der Auswahl eines Filmklassikers für einen weihnachtlichen Fernsehabend nach einem Film, in dem viel Aufregendes passiert. Mit viel Witz und einem perfekt unperfekten Weihnachtsfest ist *Schöne Bescherung* daher genau das Richtige für dieses Sternzeichen.

Steinbock: Für den ehrgeizigen und zielstrebigen Steinbock ist *Die Geister, die ich rief* der perfekte Weihnachtsfilm, um daran erinnert zu werden, in der Adventszeit zur Ruhe zu kommen. Diese Verfilmung der berühmten *Weihnachtsgeschichte* von Charles Dickens erinnert uns daran, was im Leben wirklich wichtig ist.

Wassermann: Mit ihrer Originalität und ihrem Einfallsreichtum wird der Wassermann den Film *Kevin – Allein zu Haus* lieben. Diese abenteuerreiche Weihnachtsgeschichte beeindruckt durch Mut und Kreativität und wird den Wassermann begeistern.

Fische: Die einfühlsamen und träumerischen Fische werden sich in *Buddy, der Weihnachtself* wiederfinden. Diese magische Weihnachtsgeschichte berührt die Herzen dieses empathischen Sternzeichens und erinnert daran, dass Liebe und Hilfsbereitschaft – nicht nur zur Weihnachtszeit – wichtig sind.

Ein Träumer
ist jemand, der seinen Weg
im Mondlicht
findet und die
Morgendämmerung
vor dem Rest der Welt sieht.

OSCAR WILDE

12

Winterspaziergang bei Mondschein

Ein Mondspaziergang in der winterlichen Natur während der Vorweihnachtszeit ist wie ein leises Gedicht, das von der Schönheit des Universums erzählt. Wenn die Welt am Abend zur Ruhe kommt und wir uns in der freien Natur befinden, können wir, entfernt von künstlichen Lichtquellen, einen besonders eindrucksvollen Blick auf die Sterne und den Mond erleben.

- Ziehe dir heute Abend warme und gemütliche Kleidung an, nimm eine wärmende Tasse Tee mit und begib dich in die Natur. Gehe dorthin, wo keine Straßenlaternen leuchten, und lasse den Mond zu deinem stillen Begleiter werden, der dich mit seiner Aura umhüllt, während du die Ruhe genießt.
- Schon der erste Schritt in die Nacht lässt dich die besondere Atmosphäre spüren, die der Mond erschafft. Sein silbernes Licht taucht die Landschaft in ein geheimnisvolles Glühen und lässt jeden Schritt wie eine Reise durch eine andere Welt erscheinen. Es ist, als ob der Mond uns einlädt, alles mit neuen Augen zu sehen. Seine ruhige Präsenz erinnert uns daran, dass es in der Stille oft mehr zu entdecken gibt als in der Hektik unseres Alltags.
- Nimm dir daher nun einmal die Zeit, nacheinander ganz bewusst auf deine Sinne zu achten. Was kannst du sehen? Welche Gerüche nimmst du wahr? Gibt es besondere Geräusche, die im täglichen Lärm nicht zu hören sind? Berühre den Boden unter deinen Füßen oder einen Baum in deiner Nähe – was kannst du fühlen? Strecke deine Zunge heraus und versuche den Geschmack dieser magischen Welt wahrzunehmen.

- Lasse dich allein vom Licht des Mondes leiten und erlebe, wie sich deine Gedanken klären und dein Geist mit jedem Atemzug dieser klaren Winterluft zur Ruhe kommt.
- Solch ein Mondspaziergang in der Weihnachtszeit ist mehr als ein gewöhnlicher Ausflug in die Natur. Es ist eine spirituelle Erfahrung, die dich daran erinnert, dass du ein wichtiger Teil unseres magischen Universums bist und dass die Natur uns stets willkommen heißt, um uns zu erden und die stille Schönheit der Weihnachtszeit zu genießen.

In der
Dunkelheit
der Nacht
da wird das Tiefste,
was man will,
recht deutlich.

BETTINA VON ARNIM

13

Sternschnuppenregen Geminiden

Tief in den langen Nächten des Dezembers ereignet sich ein besonders wundervolles Schauspiel am Himmelszelt: die Geminiden – ein Sternschnuppenregen, der bei wolkenloser Sicht die Möglichkeit bietet, deine Herzenswünsche ans Universum zu schicken.

Die Geminiden gehören zu den großen, jährlichen Meteorschauern, bei denen zu ihrem Höhepunkt zeitweise bis zu 150 Sternschnuppen pro Stunde vom Himmel fallen. Dabei handelt es sich um Meteore, die weißlich und gelblich schimmern und teilweise sogar in grün- und rötlichen Farben erstrahlen.

Um dieses magische Ereignis bestmöglich beobachten zu können, solltest du dir einen Ort abseits künstlicher Lichter suchen. Falls der Mond zu hell am Himmel steht, kann es helfen, deinen Blick in die Sterne so auszurichten, dass das Mondlicht von einem Baum verdeckt wird. Mache es dir mit einem heißen Getränk und einer wärmenden Decke draußen gemütlich und gewöhne deine Augen langsam an die Dunkelheit. Lasse deinen Blick nun auf den Weiten des Himmelszeltes ruhen und beobachte die Sterne, während du langsam zur Ruhe kommt und die tiefe Verbindung zu der magischen Kraft unseres Universums spürst.

Sobald du eine Sternschnuppe entdeckst, kannst du deine Augen schließen und dir etwas wünschen. Wichtig ist dabei, niemandem von deinem Wunsch zu erzählen. Behalte ihn für dich und glaube fest daran, dass das Universum es stets gut mit dir meint und dein Wunsch in Erfüllung gehen wird.

Ich für meinen Teil weiß nichts mit Gewissheit, aber

der Anblick der Sterne

lässt mich träumen.

VINCENT VAN GOGH

14

Origami-Funkelstern

Origami ist japanisch und bezeichnet die Kunst des Papierfaltens. Um das Leuchten der Sterne nicht nur am Nachthimmel zu bewundern, sondern auch in dein Zuhause zu holen, kannst du mit wenigen Handgriffen schöne Origami-Sterne basteln.

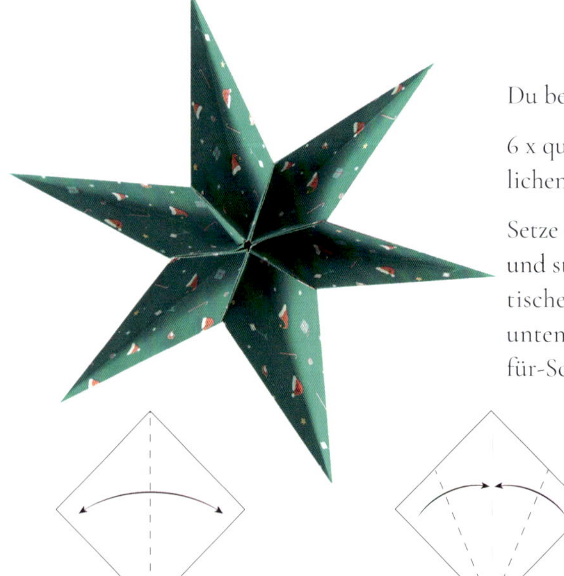

Du benötigst:

6 x quadratisches Papier – gern mit weihnachtlichen Mustern.

Setze dich an einen Tisch, damit du eine flache und stabile Faltunterlage hast. Lege das quadratische Papier mit der bedruckten Seite nach unten vor dich hin und folge nun der Schritt-für-Schritt-Anleitung.

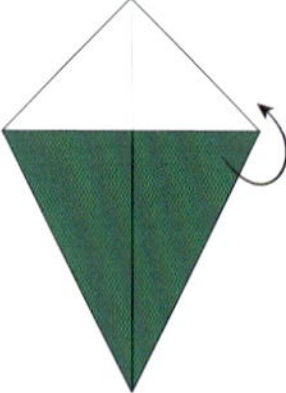

1. Falte die rechte Ecke auf die linke Ecke und wieder zurück.

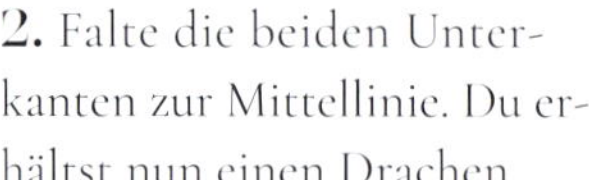

2. Falte die beiden Unterkanten zur Mittellinie. Du erhältst nun einen Drachen.

3. Nun knickst du die rechte Seite des Drachens nach hinten.

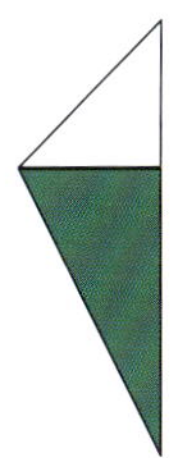

4. Du erhältst einen halben Drachen.

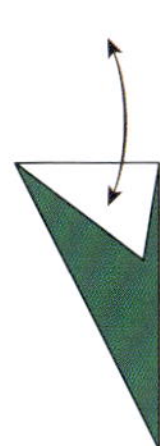

5. Die obere Spitze faltest du, wie gezeigt, nach unten und gleich wieder nach oben.

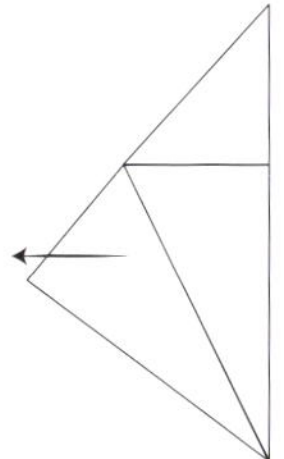

6. Nun klappst du den linken Flügel auf.

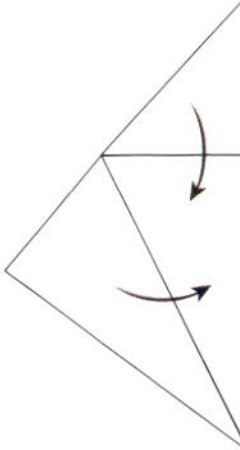

7. Falte das kleine obere Dreieck nach unten und schließe den Flügel wieder.

8. Auf der linken Seite entsteht nun eine kleine Tasche. Diese öffnest du und drückst sie ein wenig nach unten. Das ist der erste Flügel. Du benötigst insgesamt 6 Stück.

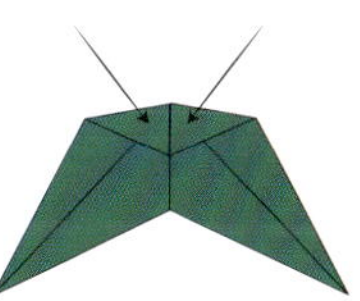

9. Nun klebst du die Flügel jeweils an den kleinen Dreiecken zusammen. Am Ende verbindest du noch den ersten und den letzten Flügel.

10. Und so sieht dein Stern dann von der anderen Seite aus.

Tipp

Dein Origami-Funkelstern ist nun fertig! Platziere ihn an einem besonderen Ort in deinem Zuhause, um auch dann einen Blick zu den Sternen zu genießen, falls der nächtliche Himmel mal wolkenverhangen sein sollte.

Schwing dich
aus allem heraus,
was dich beengt.

BETTINA VON ARNIM

15

Dein Mondritual

Zum Vollmond:

Reinigende Energie

Wenn der Mond sein volles Licht entfaltet, erreicht die Energie des Universums ihren Höhepunkt. Wir können in dieser Phase auf das zurückblicken, was wir in der ersten Hälfte des Mondzyklus begonnen haben und fokussieren, wie wir unsere Ziele voller Zuversicht weiterverfolgen können. Um der Zukunft mit Klarheit entgegenzublicken, bietet sich in dieser Mondphase ein reinigendes Räucherritual an.

Du benötigst dafür:

Räucherwerk wie getrockneten Salbei, Lavendel oder Palo Santo

Streichhölzer

Eine feuerfeste Schale

Falls du diese Utensilien nicht zu Hause hast, kannst du auch Räucherstäbchen verwenden. Alternativ kannst du eine Duftkerze anzünden, mit dieser durch dein Zuhause schreiten und jede Ecke erstrahlen lassen.

* Schaffe eine entspannte Atmosphäre, lasse sanfte Musik ertönen und konzentriere dich auf deine Atmung, um in einen meditativen Zustand zu gelangen. Es ist dir überlassen, ob du den Beginn dieses Rituals in einem festen Stand oder sitzend durchführst.

- Nimm dir nun einen Moment Zeit, um darüber nachzudenken, was dieser Dezembervollmond für dich persönlich bedeutet. Bringt er Fülle und Erleuchtung in dein Leben? Möchtest du mit ihm Ruhe und Klarheit einkehren lassen?
- Setze dir eine eigene positive Intention für diese besonders kraftvolle Mondphase, um dich daran zu erinnern, worauf du während des Rituals deinen Fokus legen möchtest.
- Entzünde nun dein Räucherwerk in einer feuerfesten Schale, lass es kurz brennen und puste anschließend die Flamme aus.
- Schreite nun durch dein Zuhause, fächle den Rauch sanft mit deiner Hand um dich herum und lasse den Duft alle Räume durchdringen. Visualisiere dabei, wie der Rauch negative Energien vertreibt und Platz für deine positive Intention schafft. Wiederhole diese Gedanken in jedem weiteren Zimmer und erinnere dich daran, dass er dir jederzeit neue Kraft schenken kann, wann immer du sie brauchst.
- Finde zum Abschluss deines Rituals in eine entspannte Sitzposition und lösche das Räucherwerk oder die Kerze. Nimm einen tiefen Atemzug und stelle dir vor, wie die kraftvolle Energie des Vollmonds nun bis in jede Ecke deines gereinigten Zuhauses strahlen kann. Fühle, wie diese tiefe Verbindung mit dem Universum auch dein inneres Licht erstrahlen lässt und dich wärmend umhüllt. Trage dieses Gefühl mit dir in die Weihnachtszeit.

Mögliche Intentionen für dein Ritual:

Ich bin voller Energie.

Ich öffne meine Arme und lasse Liebe in mein Leben.

Ich empfinde tiefe Ruhe.

Tipp

Der passende Heilstein für das Ritual zum Vollmond ist der Amethyst. Er steht für Ruhe und unterstützt dich dabei, einen Zustand tiefer innerer Gelassenheit zu empfinden. Platziere den Amethyst in Vollmondnächten in deinem Schlafzimmer, um seine beruhigende Wirkung während der Nacht auf dich wirken zu lassen.

Träumereien
sind der
Mondschein
der Gedanken.

JULES RENARD

16

Hekate

Im Schutz der Dunkelheit wandelt Hekate, eine geheimnisvolle Gestalt der antiken Mythologie. Als Göttin der Magie und der Unterwelt erhebt sie sich aus dem Schatten, um Licht in die Welt zu bringen. Hekate wird oft mit dem Mond in Verbindung gebracht, aber ihre Präsenz ist viel mehr als das Leuchten am nächtlichen Himmel.

Ihre Bedeutung erstreckt sich über die Grenzen von Leben und Tod, von Vergangenheit und Zukunft hinweg, denn sie ist die Göttin der Übergänge und Veränderungen. Sie zeigt den Mutigen ihren Weg durch die Dunkelheit und öffnet Tore zu neuen Möglichkeiten und Erkenntnissen.

Während der Adventszeit kann Hekate uns dazu ermutigen, aus dunklen Zeiten Kraft und Stärke für Veränderungen zu schöpfen und mutig neue Wege zu gehen. Ihre Präsenz erinnert uns daran, dass Dunkelheit nicht nur Angst und Unsicherheit birgt, sondern auch Quelle der Erneuerung und des Wachstums sein kann. In den stillen Abendstunden der Weihnachtszeit können wir uns auf ihre Anwesenheit besinnen und uns von ihrem Mut inspirieren lassen, während wir uns selbst auf den bevorstehenden Übergang in ein neues Jahr vorbereiten.

Schenke dir selbst
jeden Tag die
schönsten
Momente
und bade Körper,
Seele und Geist in
innerer Harmonie.

SARAH BERNHARDT

17

Mondbad

Der magische Dezembermond eignet sich perfekt, um zwischen weihnachtlichen Erledigungen in einem ruhigen Moment mit sich selbst in Einklang zu kommen. Ein Bad bei Mondlicht ist eine wunderbare Möglichkeit, um heute Abend zur Ruhe zu kommen und neue Energie für den morgigen Tag zu tanken.

- Idealerweise befindet sich der Mond in einer klaren Nacht heute hellstrahlend am Himmel. Sorge dich aber nicht, falls der Mond nicht direkt in dein Badezimmer scheint, seine kraftvolle Energie wirkt dennoch auf dich ein. Falls du keine Badewanne zur Verfügung hast, kann dich auch eine wohltuende Dusche oder eine entspannende Meditation in den gewünschten Zustand innerer Ruhe versetzen.
- Fülle deine Badewanne mit warmem Wasser und füge einige Tropfen ätherisches Öl deiner Wahl hinzu, das dich beruhigt und entspannt. Für eine zusätzliche Wohlfühlatmosphäre kannst du beruhigende Musik einschalten, das Licht dimmen und einige Kerzen anzünden. Auch heilsame Kristalle in deiner Nähe können die reinigende Wirkung dieses Rituals verstärken.
- Bevor du in das Bad steigst, nimm dir einen Moment Zeit, um dich mit der Energie des Mondes zu verbinden. Stelle dir vor, wie sein silbernes Licht auf deine Haut fällt. Wenn du bereit bist, steige langsam in das warme Wasser und spüre, wie es deinen Körper umhüllt. Lehne dich zurück und entspanne dich, während du dich von den beruhigenden Düften und der sanften Wärme des Bades verwöhnen lässt.

- Schließe deine Augen und genieße die Stille des Moments. Visualisiere wie der Mond mit seiner heilenden Energie auch deinen Körper reinigt und all das von dir nimmt, von dem du dich befreien möchtest. Lasse alle belastenden Gedanken ziehen und erlaube dir, frei und leicht zu sein.
- Nachdem du dein Mondbad genossen hast, steige langsam aus der Badewanne und trockne dich sanft ab. Bedanke dich beim Mond für seine heilende Energie und verspreche, diese Verbindung auch in Zukunft zu pflegen.

Versuche stets, ein

Stückchen

Himmel

über deinem

Leben freizuhalten.

MARCEL PROUST

18

Kraftvolle Herrscherplaneten

In den zauberhaften Tagen der Adventszeit, wenn die Sterne am Himmel besonders hell leuchten und die Welt sich in das warme Licht der Weihnachtskerzen hüllt, bietet es sich an, die Bedeutung deines Sternzeichens genauer kennenzulernen. Wusstest du, dass jedes Sternzeichen von einem Planeten beherrscht wird? Hierbei handelt es sich um den Planeten, der sich in der jeweiligen Sternkonstellation am besten entfalten kann. Die Planeten setzen kraftvolle Energien frei und können die Eigenschaften der verschiedenen Sternzeichen dadurch verstärken. Der Herrscherplanet unseres Tierkreiszeichens verrät somit weitere interessante Informationen darüber, wie die Kraft des Universums unser Leben und unsere Persönlichkeit beeinflusst.

Mars: Ist der Herrscherplanet des Widders und verstärkt den Mut und das Durchsetzungsvermögen dieses ersten Zeichens des Tierkreises. Der rote Planet symbolisiert den Ehrgeiz, die eigenen Ziele zu verfolgen und hilft uns dabei, für uns selbst einzustehen.

Venus: Der nach der Göttin der Liebe und Schönheit benannte Planet herrscht über den Stier und die Waage und zeigt auf, wie wir nicht nur anderen, sondern auch uns selbst liebevoller begegnen können.

Merkur: Die Tierkreiszeichen Zwilling und Jungfrau werden von Merkur beherrscht. Er verstärkt ihre kommunikative Energie sowie ihre vielseitigen Interessen. Merkur steht für unsere intelligente Denkweise und symbolisiert die stete Neugierde, Dinge zu entdecken und Neues zu erlernen.

Mond: Auch wenn der Mond eigentlich kein Planet ist, wird er in der Astrologie zu diesen gezählt. Er gilt als planetarischer Herrscher des Krebses und spiegelt die emotionale und sensible Natur dieses Sternzeichens wider. Der Mond symbolisiert damit unsere Gefühlswelt.

Sonne: Das Sternzeichen Löwe wird von der Sonne beherrscht, die in der Astrologie für Willenskraft und eine optimistische Lebenseinstellung steht. Die Sonne, die in der Astronomie als Stern und nicht als Planet gilt, ist das Zentrum unseres Sonnensystems, und so steht auch der Löwe gern im Mittelpunkt und beeindruckt mit seiner charismatischen Ausstrahlung.

Pluto: Als beherrschender Planet der Skorpione verleiht Pluto ihnen die Fähigkeit, sich den eigenen Ängsten zu stellen und an ihnen zu wachsen. Er unterstützt uns dabei, innere Veränderungsprozesse anzustoßen und daraus neue Energie zu schöpfen.

Jupiter: Der planetarische Herrscher des Schützen verleiht diesem Zeichen seine optimistische und hoffnungsvolle Natur. Er zeigt uns auf, welche Werte uns im Leben wichtig sind und wie wir voller Zuversicht in die Welt blicken.

Saturn: Der Herrscherplanet des Steinbocks steht für Entschlossenheit und Widerstandsfähigkeit. Er unterstützt uns dabei, mit einem starken Willen unsere Ziele im Blick zu behalten und an unsere Träume zu glauben.

Uranus: Dieser Planet steht für Individualität und Unabhängigkeit. Als Herrscherplanet des Wassermanns unterstützt er dabei, unserem Verlangen nach Freiheit nachzukommen und neuen Lebensaufgaben mutig zu begegnen.

Neptun: Der Herrscherplanet der Fische verleiht diesem Tierkreiszeichen seine mitfühlende Natur und verstärkt die Fähigkeit, unseren Mitmenschen voller Empathie und Hilfsbereitschaft zu begegnen.

Der Himmel
ist genauso unter
unseren Füßen wie
über unserem Kopf.

HENRY DAVID THOREAU

19

Großer Hund

Das Sternbild Großer Hund (lat. Canis Major) erreicht Ende Dezember seinen Höchststand und ist in einer klaren Winternacht besonders gut erkennbar. Ein Teil dieser magischen Konstellation ist der hellste Stern des ganzen Sternenhimmels, der sich am Hals des Hundes befindet: Sirius, der Funkelnde. Die Besonderheit von Sirius ist sein weiß-bläuliches Leuchten, das häufig auch als Funkeln wahrzunehmen ist.

Dieses Sternbild gehört zusammen mit dem Kleinen Hund, dem Hasen und dem Einhorn zur Sternbildfamilie Orion, dem Jäger, der zusammen mit seinen Hunden den Hasen jagt, während das Einhorn an der Szene vorbeigaloppiert.

Wenn du in einer kalten Winternacht dieses Sternbild erblickst, ist es eine gute Gelegenheit, die kraftvolle Energie des Hundes auf dich wirken zu lassen.

Der Hund steht für Zuneigung, Wärme und Treue und hilft dir als persönliches Krafttier dabei, dein Vertrauen in dich selbst zu stärken und zugleich liebevoll mit dir umzugehen. Wenn dir das gelingt, wird es dir auch möglich sein, anderen Menschen deine ungeteilte Aufmerksamkeit zu schenken und einfühlsam mit ihnen umzugehen.

Monde und Jahre vergehen
und sind immer
vergangen, aber
ein schöner
Moment
leuchtet das ganze
Leben hindurch.

SARAH BERNHARDT

20

Kosmische Kakaozeremonie

Eine festliche Kakaozeremonie bietet sich in der Weihnachtszeit wunderbar an, um an langen, dunklen Abenden Gemütlichkeit und Wärme einkehren zu lassen. Dieses Getränk ist wie ein Zaubertrank, der dich in eine Welt der inneren Ruhe und Harmonie entführt, während draußen die Sterne am Himmel funkeln und eine magische Atmosphäre schaffen.

Der kulturelle Ursprung von Kakaozeremonien liegt bei indigenen Völkern Mittel- und Südamerikas, die mit der Zubereitung dieser heiligen Pflanze die Göttin Cacao geehrt haben. Kakaozeremonien wird nachgesagt, dass sie innere Blockaden lösen und die eigene Balance stärken können. Für eine tiefe spirituelle Erfahrung während der Kakaozeremonie solltest du ca. 3 Stunden vorher nichts mehr essen und ausreichend Wasser trinken.

Zutaten

ca. 35 g Rohkakao in Bioqualität

250 ml pflanzliche Milch

1 Prise Zimt

½ Vanilleschote

½ TL Kokosblütenzucker

So geht's:

Zermahle den Rohkakao zu feinem Pulver. Erwärme die pflanzliche Milch deiner Wahl sanft in einem Topf, ohne sie zum Kochen zu bringen. Füge dann das Rohkakao-Pulver hinzu und rühre es gut um, bis es sich vollständig aufgelöst hat. Gib anschließend nach Bedarf Zimt, Vanille und Kokosblütenzucker hinzu und rühre alles gut um, bis sich die Aromen miteinander verbunden haben. Gieße den Kakao in deine Lieblingstasse und gib dich diesem magischen Getränk mit allen Sinnen hin.

Setze dich dafür an einen gemütlichen Ort, nimm ein paar tiefe Atemzüge und atme den wohligen Kakaogeruch ein. Während dieser Zeremonie darfst du für dich eine Intention formulieren, welche du mit jedem bewusst langsamen Schluck des wärmenden Getränks mehr verinnerlichst, um eine tiefe Verbindung zwischen Körper und Geist herzustellen. Nimm mit jedem Schluck den Geschmack und die Wärme des Kakaos wahr. Lass dich von der beruhigenden Wirkung dieser kosmischen Zeremonie verzaubern und innere Ruhe in dein Leben einkehren.

Die *ewigen Sterne* kommen wieder zum Vorschein, sobald es finster genug ist.

THOMAS CARLYLE

21

Artemis

In den stillen Wäldern und wilden Gefilden der antiken Mythologie thront Artemis, die griechische Mondgöttin der Jagd und die Beschützerin der Wildnis. Ihr Erscheinungsbild symbolisiert die ungebändigte Schönheit und die Kraft der Natur.

Ihre mythologische Bedeutung erstreckt sich weit über ihre Rolle als Göttin der Jagd hinaus. Artemis wird oft als Beschützerin der Frauen und Kinder betrachtet, als Hüterin der Freiheit und Unabhängigkeit. Sie verkörpert die unzähmbare Wildheit und den unbeugsamen Geist, der in jedem von uns wohnt.

Während der Adventszeit kann Artemis uns dazu inspirieren, die Natur zu ehren. Ihre Präsenz erinnert uns daran, dass die Schönheit und Fülle der Welt um uns herum uns mit innerer Ruhe und Frieden erfüllen kann, wenn wir uns öffnen, um dieses Geschenk zu empfangen.

Artemis kann uns lehren, dass wir, genau wie sie, die wilden und ursprünglichen Teile unseres Selbst umarmen und feiern dürfen. In den stillen Stunden der Adventszeit können wir uns auf ihre Anwesenheit besinnen und uns mit der Natur verbinden, sei es durch einen Waldspaziergang, das Beobachten des Sternenhimmels oder das Lauschen des Windes. Durch ihre Anmut und Stärke gelingt es uns, uns dem Licht zu öffnen und in dieser besonderen Zeit des Jahres ein Gefühl innerer Zufriedenheit einkehren zu lassen.

Lerne loszulassen,
das ist der
Schlüssel
zum Glück

BUDDHA

22

Zum abnehmenden Mond:

Loslassen

In der Phase des abnehmenden Mondes bekommen wir die Gelegenheit, uns von all dem zu befreien, was uns belastet und uns nicht mehr guttut. Nutze die Energie dieser Mondphase, um dich mit diesem Ritual zum Ende des Jahres von negativen Glaubenssätzen zu lösen, Platz für stärkende Gedanken zu schaffen und inneren Frieden zu finden. Alles, was du für dieses Ritual benötigst, sind Stift und Papier, Kerzen sowie eine feuerfeste Schale.

- Setze dich an einem Ort nieder, an dem du zur Ruhe kommen und dich ganz auf dich selbst konzentrieren kannst. Schaffe dir mit Kerzen eine gemütliche Atmosphäre und komme mit ein paar tiefen Atemzügen im Hier und Jetzt an.
- Überlege dir nun, wovon du dich befreien möchtest: Was dient dir in deinem Leben nicht mehr? Was schränkt dich in deiner freien Entfaltung ein? Wovon möchtest du weniger in deinem Leben haben? Welche Themen möchtest du loslassen, um dieses spannende Jahr mit einem Gefühl der Freiheit beenden zu können?
- Schreibe deine persönlichen Antworten auf diese Fragen jeweils auf einen Zettel. Achte dabei nicht auf die Formulierungen, sondern lass deine Gedanken ganz frei fließen.
- Nimm dir nun einen beschriebenen Zettel nach dem anderen, lese ihn laut vor und achte darauf, welche Gefühle in dir ausgelöst werden. Entzünde den Zettel über einer Kerze und lege ihn anschließend in deine feuerfeste Schale. Sieh dabei zu, wie das Papier verbrennt und visualisiere, wie sich auch dieser

negative Aspekt deines Lebens auflöst. Wiederhole diesen Vorgang mit jedem einzelnen Zettel und spüre, wie du dich immer leichter fühlst und mit neuer Energie erfüllt wirst.

- Bleibe nach Abschluss des Rituals noch so lange in deiner ruhenden Sitzposition, wie es sich für dich gut anfühlt. Spüre dabei, wie sich der befreite Raum um dich herum mit neuer Positivität und Liebe füllt. Wenn du so weit bist, lösche die Kerze und bedanke dich bei dir selbst dafür, dass du die heilende Energie des abnehmenden Mondes für dieses kraftvolle Ritual genutzt hast.

Tipp

Der passende Heilstein für das Ritual zum Vollmond ist der Rosenquarz. Er steht unter anderem für Selbstliebe und unterstützt dich dabei, dich von negativen Energien zu befreien und auf deine eigenen Fähigkeiten zu vertrauen. Platziere den Rosenquarz während deines Rituals in deiner Nähe und spüre, wie er dich beim Loslassen unterstützt.

Wenn man auch allen
Sonnenschein wegstreicht,
so gibt es doch auch noch
den Mond,
die Sterne,
die Lampe
am Winterabend. Es ist so
viel schönes Licht in der Welt.

WILHELM RAABE

23

Der Stier

Der Stier (lat. Taurus) ist eines der Wintersternbilder, die im Dezember am nächtlichen Himmel bewundert werden können. Der Hauptstern dieses majestätischen Sternbildes ist der rötlich schimmernde Aldebaran, der als das Auge des Stiers bekannt ist. Aldebaran zieht mit seiner intensiven Farbe und seinem klaren Glanz die Blicke auf sich und verleiht dem Stier seine unverwechselbare Persönlichkeit. Eine weitere Besonderheit des Stiers sind die Plejaden und Hyaden, Sternhaufen, die aus jeweils über 300 Sternen bestehen, von denen uns einige besonders hell anfunkeln.

Wenn du in einer klaren Winternacht das Sternbild des Stiers betrachtest, bietet sich dir die Gelegenheit, die Aura dieses Tieres auf dich wirken zu lassen. Der Stier steht für Stärke, Stabilität und Entschlossenheit und kann dich als persönliches Krafttier dabei unterstützen, deine innere Ruhe zu finden und gleichzeitig entschlossen deine Ziele zu verfolgen. Indem du dich mit der Energie des Stiers verbindest, kannst du auch deine Ausdauer steigern und Hindernisse mit Entschlossenheit überwinden. Erfahre die Faszination dieses Sternbildes und lass dich von der kraftvollen Energie des Stiers inspirieren, um dein Leben mit Stärke und Entschlossenheit zu führen.

Je *freier* man atmet,
desto *mehr* lebt man.

THEODOR FONTANE

24

Die Mondatmung

Die Vorweihnachtszeit ist die Zeit der Besinnung und des inneren Friedens, aber häufig kann es zwischen weihnachtlichen Vorbereitungen und Wunschlisten auch sehr hektisch zugehen. Was wäre, wenn wir diese Zeit nutzen könnten, um uns mit der kosmischen Energie des Mondes zu verbinden und für einen Moment ganz bei uns selbst zu sein?

Eine Möglichkeit, die beruhigende Kraft des Mondes in unser Leben einzuladen, ist die Mondatmung: eine entspannende Atemtechnik, die du immer dann anwenden kannst, wenn du aufgewühlt bist oder dich gestresst fühlst. An einem Tag voller weihnachtlicher Vorbereitungen kann dir die Mondatmung dabei helfen, innere Entspannung zu empfinden und am Abend besser einzuschlafen.

- Suche dir für deine Atempraxis einen gemütlichen Ort, an dem du für einige Minuten ungestört sein kannst. Entzünde gern eine Kerze, um durch dieses sanfte Licht eine stimmungsvolle Atmosphäre zu schaffen.
- Setze dich in eine aufrechte und entspannte Position wie beispielsweise den Schneidersitz. Schließe deine Augen, entspanne deine Gesichtsmuskulatur und spüre, wie deine Atmung ruhig und gleichmäßig wird. Stelle dir vor, wie der helle Mond über dir am Nachthimmel erstrahlt. Spüre seine beruhigende Wirkung, die dich sanft umhüllt und dich mit innerem Frieden erfüllt.
- Wenn du in diesem Moment ganz für dich allein angekommen bist, kannst du mit der Mondatmung beginnen, um tiefer in deine Entspannung zu finden. Klappe dafür Zeige- und Mittelfinger der rechten Hand zur Handinnenfläche

um. Verschließe dann mit dem Daumen dein rechtes Nasenloch und atme für etwa vier Sekunden tief durch das linke Nasenloch ein. Halte deinen Atem für einen kurzen Moment an, bevor du den Daumen löst und das linke Nasenloch mit dem rechten Ringfinger schließt. Atme nun langsam für etwa fünf Sekunden durch dein rechtes Nasenloch aus. Wiederhole den gesamten Vorgang für zehn Atemzüge.

- Visualisiere, wie du das beruhigende Licht des Mondes mit jedem Einatmen in dich aufnimmst und sich die Mondenergie in dir ausbreitet, während du mit jedem Ausatmen die Anspannung aus deinem Körper entweichen lässt.
- Finde danach in deinen normalen Atemrhythmus zurück und öffne langsam die Augen. Spüre, wie Ruhe und Entspannung in dein Leben eingekehrt sind und du mit einem Gefühl des inneren Friedens aus deiner Atemübung zurückkehrst in deinen Alltag.

Impressum

Bibliografische Information der Deutschen Bibliothek.

Die Deutsche Bibliothek verzeichnet diese Publikation in der Deutschen Nationalbibliografie.

Detaillierte bibliografische Daten sind im Internet über http://www.dnb.de/ abrufbar.

EIN BUCH DER
EDITION MICHAEL FISCHER

1. Auflage 2024

Texte: Inga Biller

Lektorat: Anna-Lena Prill
Covergestaltung, Layout und Satz: Carolin Mayer

Bildnachweis:
Cover: © Chikovnaya/shutterstock, © Vitalii Bashkatov/shutterstock
Innenteil: S. 2, 7, 23, 39, 58, 59, 87 © Meawstory15 Production/shutterstock, S. 30, 31, 46, 9, 10, 12, 43, 83, 94, 16, 20, 24, 28, 32, 26, 40, 44, 48, 52, 56, 60, 64, 68, 72, 76, 80, 84, 86, 88, 92, 96, 100, 104, 108 © Chikovnaya/shutterstock, S. 1, 4, 14 © Vitalii Bashkatov/ shutterstock, S. 11 © FotoHelin/shutterstock, S. 19 © Shyntartanya/shutterstock, S. 27 © Kabachki.photo/shutterstock, S. 31 © Elena11/shutterstock, S. 34 © SachyStd/shutterstock, S. 35 © Anton27/shutterstock, S. 43 © LeStudio/shutterstock, S. 47 © ju_see/shutterstock, S. 51 © AnaWein/shutterstock, S. 54 © Carrie Ver/shutterstock, S. 34 © SachyStd/shutterstock, S. 35 © Anton27/shutterstock, S. 43 © LeStudio/shutterstock, S. 47 © ju_see/shutterstock, S. 51 © AnaWein/shutterstock, S. 54 © Carrie Ver/shutterstock, S. 55 © Teo Tarras/shutterstock, S. 63 © Bilanol/shutterstock, S. 67 © Belish/shutterstock, S. 75 © Vitalii Bashkatov/ shutterstock, S. 78 © Kair/ shutterstock, S. 79 © Max4e Photo/shutterstock, S. 83 © Tatyana Soares/shutterstock, S. 91 © Pike-28/shutterstock, S. 95 © Nina Lishchuk/shutterstock, S. 98 © SachyStd/shutterstock, S. 99 © Valeriy-S/shutterstock, S. 103 © KinoMasterskaya/shutterstock, S. 107 © Pike-28/shutterstock, S. 111 © Enjoy The Life/shutterstock, S. 36, 16, 17 © Valedi

ISBN 978-3-7459-1600-3

Gedruckt bei Polygraf Print, Čapajevova 44, 08001 Prešov, Slowakei

www.emf-verlag.de